MÉTHODES INSTRUMENTALES
FastTrack™
Traduit de l'anglais par Cédric Barth

Basse 1

INTRODUCTION

T0081909

Vous avez acheté une guitare… et maintenant ?

Toutes nos félicitations ! Vous avez fière allure avec cette nouvelle basse entre les mains (même si vous vous tenez face au miroir, en train de chanter et de vous déhancher au son de la radio). Mais vos amis et votre famille ne seraient-ils pas plus impressionnés si vous étiez capable de sortir un son de ce sacré instrument ?

En quelques semaines, vous allez aussi bien jouer des airs très connus qu'expérimenter des techniques et des accords. D'ici la fin de la méthode, vous serez à même d'aborder les tubes des plus grands – les Beatles, Clapton, Hendrix et beaucoup d'autres.

Tout ce que vous avez à faire, c'est : être **patient**, vous **exercer**, trouver votre **rythme**.

N'ayez pas les yeux plus gros que le ventre et ne sautez pas les étapes. Si vos mains commencent à vous faire mal, faites autre chose pour le reste de la journée. Si vous sentez venir la frustration, mettez la méthode de côté et revenez-y plus tard. Si vous oubliez quelque chose, retournez en arrière et apprenez-le à nouveau. Si vous vous faites plaisir, oubliez le dîner et continuez de jouer. Le plus important est de vous amuser !

À PROPOS DU AUDIO

Nous sommes heureux que vous ayez remarqué le bonus qui accompagne cette méthode – pistes audio ! Tous les exemples musicaux du livre se retrouvent sur le audio pour que vous puissiez les écouter et vous en servir comme accompagnement quand vous serez prêt. Ecoutez le audio chaque fois qu'apparaît le symbole : ◆1

Chaque exemple du audio est précédé d'une série de clicks qui indique le tempo et la mesure. Le audio a par ailleurs été enregistré avec différentes sortes de guitares et de grooves.

Sélectionnez le haut-parleur de droite sur votre chaîne stéréo pour écouter plus particulièrement la partie de guitare ; sélectionnez le haut-parleur de gauche pour écouter seulement l'accompagnement. Quand vous serez plus sûr de vous, essayez de jouer la partie de guitare avec le reste du groupe (l'accompagnement).

Pour y accéder, utilisez l'adresse suivante:
www.halleonard.com/mylibrary

1507-3902-5229-4269

ISBN: 978-90-431-0366-4

HAL•LEONARD®
7777 W. BLEEMOUND RD. P.O. BOX 13819 MILWAUKEE, WI 53213

PAR OÙ COMMENCER ?

Votre basse est votre amie...

Une basse peut devenir une amie au fil des ans — elle peut vous aider à passer les moments difficiles et à chasser les coups de blues. Alors avant de commencer, donnez un nom à votre nouvelle amie à quatre cordes.

Qu'elle est belle !

On a représenté ci-dessous une basse électrique standard. Familiarisez-vous avec les différentes pièces qui composent votre basse et n'oubliez pas de lui donner un nom.

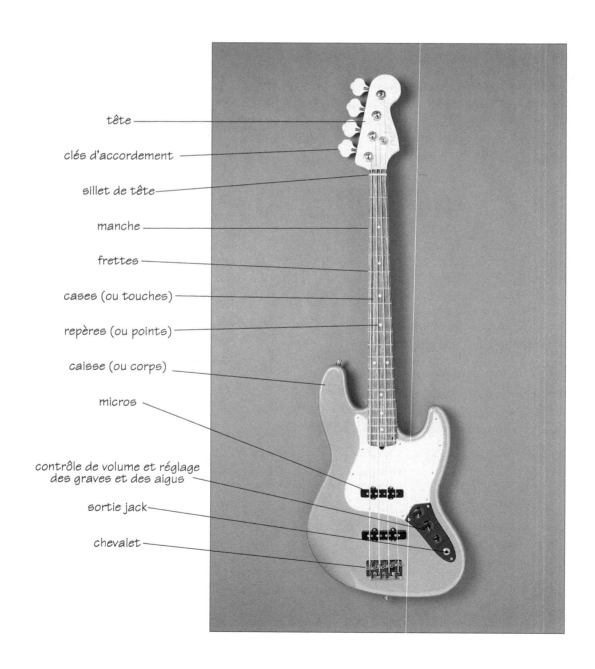

tête

clés d'accordement

sillet de tête

manche

frettes

cases (ou touches)

repères (ou points)

caisse (ou corps)

micros

contrôle de volume et réglage des graves et des aigus

sortie jack

chevalet

COMMENT ACCORDER SA BASSE ?

S'accorder, c'est ajuster la hauteur de son de chaque corde. Le réglage se fait en tendant (ou en détendant) les cordes à l'aide des clés d'accordement qui sont sur la tête de la basse. Plus une corde est tendue, plus la note qu'elle joue est haute.

Vos quatre cordes devraient être accordées sur les notes **Mi-La-Ré-Sol**.

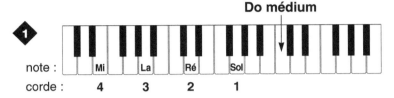

ATTENTION : Allez-y doucement pour tendre vos cordes et ne les tendez pas trop, sinon vous serez obligé de retourner au magasin pour en acheter de nouvelles !

Avec un piano

Si vous avez un piano ou un clavier à proximité, jouez les notes ci-dessus l'une après l'autre et accordez la corde de basse correspondante jusqu'à ce que sa hauteur de son corresponde à celle de la touche du piano.

Avec un accordeur électrique

Si vous n'avez pas la chance de disposer d'un instrument à clavier, vous aurez peut-être envie de vous équiper d'un accordeur électrique.

Un accordeur « écoute » chaque corde au moment où vous la jouez et indique si elle est trop haute ou trop basse.

Mais ne désespérez pas... si vous n'avez ni piano ni accordeur, il existe toujours une autre solution :

A l'oreille

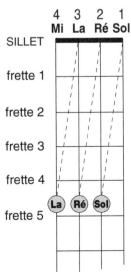

Pour accorder votre basse à l'oreille, vous devez accorder vos cordes l'une par rapport à l'autre. On procède de la manière suivante :

 En supposant que la corde 4 est correctement accordée sur le Mi, appuyez sur la corde 4 à la 5ème case (derrière la 5ème frette), jouez-la en même temps que la corde 3 à vide. Vous serez accordé quand les deux sons seront identiques.

 Jouez la corde 3 en appuyant sur la 5ème case et accordez sur cette note la corde 2 jouée à vide.

 Jouez la corde 2 en appuyant sur la 5ème case et accordez sur cette note la corde 1 jouée à vide.

ENCORE QUELQUES TRUCS À SAVOIR

...avant de se lancer !

Assis pour commencer...

La position la plus confortable et la moins fatigante pour apprendre à jouer de la basse est sans doute la position assise.

Une fois que vous connaîtrez quelques morceaux, vous pourrez jouer debout, couché ou en tenant votre basse derrière votre tête si ça vous chante. Mais pour l'instant, concentrons notre énergie sur un objectif prioritaire – jouer.

assis

debout

Tenez-la bien...

Tenez le manche de la basse avec votre **main gauche**, le pouce reposant gentiment contre l'arrière du manche.

Tenez le manche de votre basse légèrement incliné vers le haut – pas vers le bas (du moins pas avant que vous ne soyez sur scène devant des centaines de fans excités).

position de la main gauche (doigts)

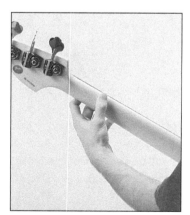

position de la main gauche (pouce)

Soyez à l'aise : ne serrez pas le manche de votre basse trop fort (personne ne va vous la voler !).

Apprenez à lire...

Un **diagramme** (figure ci-dessous) représente une portion du manche de la basse et vous montre où jouer les notes et les accords. Les notes à jouer sont indiquées sur le diagramme par des pastilles avec leur nom.

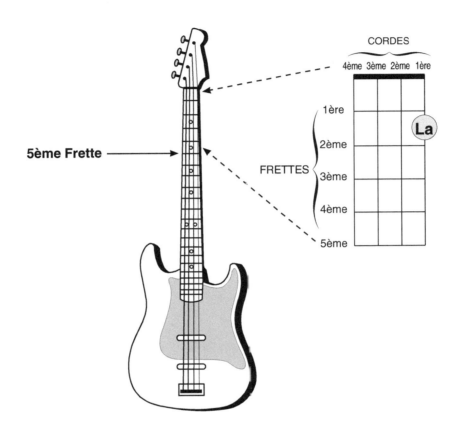

5ème Frette

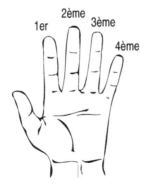

Numérotez les doigts de votre main gauche de 1 à 4.

à plier

CORNEZ CES DEUX PAGES

(... vous les consulterez plus d'une fois)

La musique est un langage avec des symboles, une structure, des règles (et des exceptions à ces règles) qui lui sont propres. Lire, écrire et jouer de la musique requiert une bonne connaissance de ces symboles et de ces règles. Commençons par les notions de base...

Les notes

La musique s'écrit à l'aide de pattes de mouche que l'on appelle des **notes**. Elles sont de formes et de tailles différentes. Une note a deux caractéristiques essentielles : sa **hauteur** (indiquée par sa position) et sa **valeur rythmique** (indiquée par les symboles suivants) :

ronde   blanche   noire

La valeur rythmique renseigne sur le nombre de temps que doit durer la note. En général, une noire est égale à un temps. Ensuite, ça ressemble à des fractions (nous non plus, on n'aime pas les maths !) :

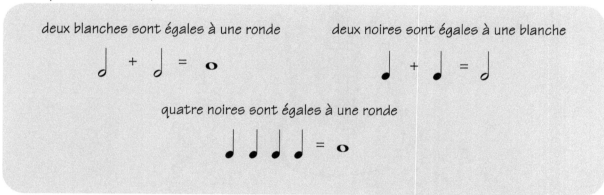

La portée et la clé

Les notes s'écrivent sur ou juste à côté d'une **portée** qui est composée de cinq lignes parallèles et de quatre interlignes. Chaque ligne et interligne représente une hauteur de son différente. Un symbole appelé **clé** indique la hauteur des sons représentés sur la portée.

Les lignes supplémentaires

Comme toutes les notes ne peuvent pas figurer sur juste cinq lignes et quatre interlignes, on utilise des **lignes supplémentaires** au-dessus et au-dessous pour étendre la portée aux sons aigus et graves.

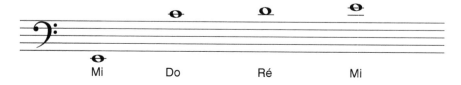

La mesure

Les notes sur la portée sont regroupées en **mesures** à l'aide de **barres de mesure** afin de vous aider à vous repérer dans la chanson.

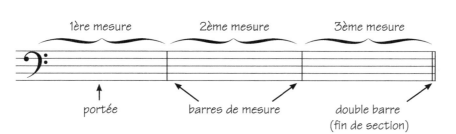

Le chiffrage des mesures

La mesure est déterminée par une fraction. Le chiffre du haut renseigne sur le nombre de temps contenus dans chaque mesure ; le chiffre du bas indique le type de note qui équivaut à un temps.

quatre temps par mesure
un quart de ronde (1/4),
c'est-à-dire une noire = un temps

trois temps par mesure
un quart de ronde (1/4),
c'est-à-dire une noire = un temps

La tablature

La **tablature** (ou « TAB ») est une portée spécialement conçue pour les bassistes. Les quatre lignes d'une portée en tablature représentent (vous l'aviez deviné !), les quatre cordes de votre basse. Un chiffre est inscrit sur une ligne pour indiquer sur quelle case il faut appuyer :

corde 1, à vide   corde 3, case 4   corde 2, case 1   corde 4, case 3

IMPORTANT : La tablature doit servir de simple guide. Vous devez toujours observer les notes, le chiffrage des mesures et les valeurs rythmiques inscrites sur la portée.

A ce propos, tous les exemples musicaux de ce livre sont présentés à la fois sous la forme d'une portée et d'une tablature pour vous faciliter la vie (ne nous remerciez pas, c'est tout naturel !).

☞ **R**eposez-vous quelques instants, relisez ensuite ce qu'on vient de voir et passez à la suite. (Faites-nous confiance – les choses deviendront p us claires pour vous au fil de la lecture.)

LEÇON 1
Ne restez pas là les bras ballants, jouez quelque chose !

Si la main gauche « choisit » une note en appuyant sur une corde à un certain endroit du manche, que fait la **main droite** ? C'est elle qui joue en fait la corde, mais vous pouvez jouer de la main droite de trois façons différentes :

1. Avec un médiator...

C'est la façon de jouer préférée de beaucoup de bassistes rock en raison du son plus accentué qu'offre cette technique. Tenez le médiator dans votre main droite, comme sur la photo, et attaquez chacune des cordes :

Vous pouvez donner vos coups de médiator **vers le bas** ou **vers le haut**.

En attaquant les cordes vers le bas, jouez deux mesures sur chaque corde à vide (c'est-à-dire sans appuyer sur aucune case) avec votre médiator :

❷ Premiers Coups de Médiator

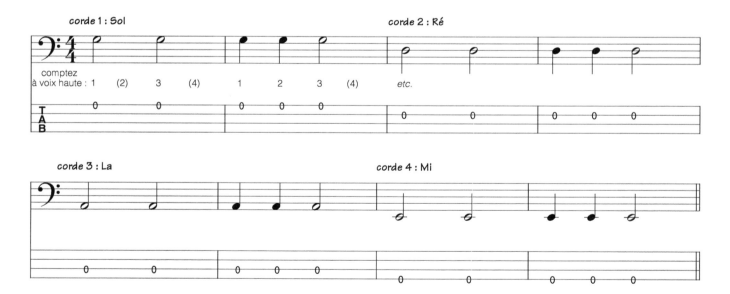

Essayez le même exemple mais en donnant vos coups de médiator vers le haut.

2. Avec un doigt...

C'est la manière traditionnelle de jouer et cette technique vous permet un plus grand contrôle (au contact direct des cordes, vos doigts sauront mieux se positionner, question de sensation). Posez votre pouce sur le haut du **micro** et jouez la corde avec le doigt 1 (votre index).

Après avoir joué la corde, laissez le doigt 1 venir buter contre la corde immédiatement supérieure. Par exemple, jouez la corde 3 et posez votre doigt 1 contre la corde 4.

IMPORTANT : Ne laissez pas les doigts de votre main droite se recroqueviller. Remarquez la position décontractée sur la photo ci-dessus.

❸ A Main Nue

REMARQUE : Après avoir joué la corde 4, vous pouvez venir buter contre le corps de la basse avec votre index.

3. Avec deux doigts...

Une troisième manière (plus rapide) de jouer consiste à alterner les doigts 1 et 2. Gardez la même position que pour le jeu à un doigt (pouce posé sur le micro) et jouez la corde 3 une fois avec le doigt 1, puis une fois avec le doigt 2 :

❹ Jam à Deux Doigts

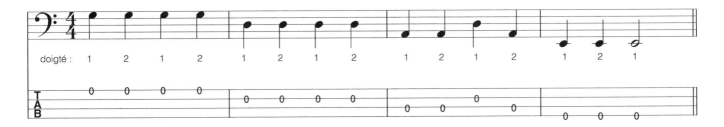

FAITES VOTRE CHOIX : Choisissez la technique de jeu de la main droite qui sonne le mieux à votre oreille et avec laquelle vous vous sentez le plus à l'aise.

LEÇON 2
Votre première corde...

Vous avez choisi un style de jeu. Vous connaissez toutes les cordes à vide. Et vous êtes impatient de jouer. Mettons-nous au travail...

Corde 1 : Sol

Oubliez les cordes 2-4 ; concentrons-nous pour l'instant sur la corde 1. Servez-vous des photos et des diagrammes ci-dessous pour jouer votre nouvelle note La.

 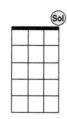

Vous venez de l'apprendre, mais ça vaut la peine d'être répété. Voici le Sol à vide :

Sol

 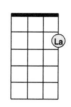

Jouez la corde 1 en appuyant sur la case 2 avec le doigt 2 et vous entendez un La, qui s'écrit juste au-dessus du Sol sur la portée :

La

Travaillez vos nouvelles notes. (Si vous avez besoin de réviser rapidement les valeurs rythmiques ou le chiffrage des mesures, retournez page 6.)

◆5 Jam à Deux Notes

« *Qu'est-il arrivé à la case 1 ?* »
Cette note est un La bémol. Nous vous expliquerons les **bémols** plus loin.

REMARQUE : Nous savons que vous avez déjà appris un autre La (corde 3 à vide, page 8).
Mais étant donné que l'alphabet musical ne comporte que sept notes, ce type de répétition
se produira tôt ou tard avec toutes les notes.

Jouez la corde 3 à vide, puis votre nouveau La :

❻ Même Nom, Note Différente

Elles sonnent presque pareil, n'est-ce pas ? Le nouveau La sonne une **octave** plus haut que
la corde 3. Une octave est un intervalle de huit notes. Les bassistes jouent beaucoup
d'octaves, alors habituez-vous à ce nouveau concept.

Faites-en bon usage...

Comme si vous lisiez un livre, allez à la ligne quand vous êtes arrivé à la fin d'une portée.
Toutefois, quand vous verrez ce symbole (), vous serez arrivé à la fin de la chanson.

❼ My Sharocka !

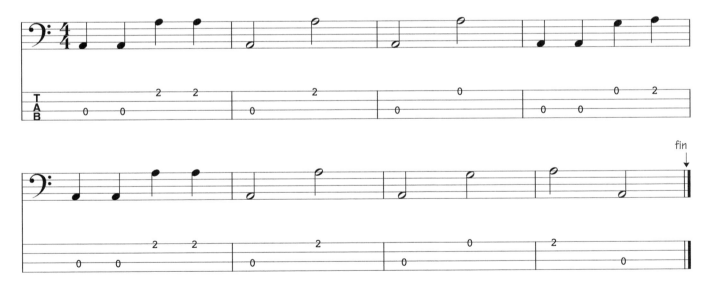

QUELQUES NOTES SUR LA MUSIQUE
(... veuillez pardonner le jeu de mots !)

Avant de passer à la Leçon 3, déchiffrons encore ensemble quelques-uns des hiéroglyphes de la musique.

Les silences

Un **silence** en musique indique un moment non joué. Comme les notes, les silences ont leur propre valeur rythmique qui indique combien de temps il faut se taire :

▬	▬	₰
pause	**demi-pause**	**soupir**
(quatre temps)	(deux temps)	(un temps)

IMPORTANT : Un silence ne signifie pas se croiser les bras ou se reposer les doigts ! Un silence doit être mis à profit pour lire la suite de la partition et préparer ses doigts pour la prochaine série de notes.

❽ Soufflez un Peu

☞ CONSEIL : Pendant un silence, entraînez-vous à **étouffer** les cordes avec votre main gauche (anfin qu'aucun son ne soit émis).

❾ Rock, Roll, Repos

LEÇON 3
Suivante !...

Prenez quelques secondes pour retourner page 3 et vérifiez que votre basse est toujours bien accordée. (Si le miroir casse, c'est qu'elle ne l'est sûrement plus !)

Corde 2 : Ré

 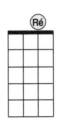 Un rappel rapide du Ré à vide :

Ré

 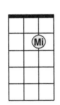 Jouez maintenant la corde 2 en appuyant sur la case 2 avec le doigt 2 et vous obtenez un Mi :

Mi

 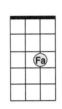 Appuyez sur la case 3 avec votre doigt 3 et vous entendez un Fa :

Fa

Voilà qui fournit matière à un nouvel exercice. (Jouez lentement et comptez à haute voix !)

◆ 10 Ré-Mi-Fa

Quand vous vous sentirez à l'aise avec Ré-Mi-Fa, essayez de les combiner avec vos deux autres notes...

13

CHANGER DE CORDE : Quand vous faites passer vos doigts de la corde 1 à la corde 2, essayez de laisser votre regard prendre de l'avance dans la lecture de la musique et préparez le bon doigt à attaquer la bonne corde avant que la prochaine note n'arrive.

❶❶ Jam à Trois Notes

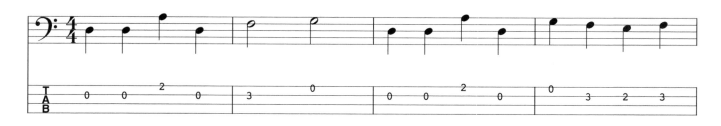

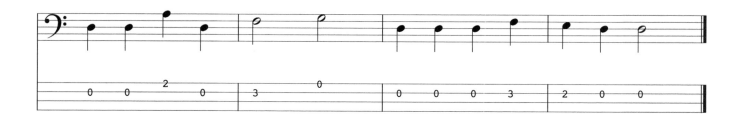

CONSEIL : Quand vous jouez une note plus aiguë, restez sur la note précédente. Par exemple, laissez le doigt 2 sur le Mi pendant que vous appuyez le doigt 3 sur le Fa. Quand vous voulez rejouer le Mi, soulevez simplement le doigt 3.

❶❷ Bass Boogie

☞ Répétez au moins deux fois ces exemples, en jouant à chaque fois un peu plus vite. Quand vous serez prêt (et que vous aurez grignoté quelque chose), on passera à la Leçon 4.

LEÇON 4
Et de trois !

Incroyable – déjà six notes. Vous apprenez vite ! Ça vous dit de passer à une nouvelle corde ? (Vérifiez que vous êtes toujours accordé, sinon – page 3.)

Corde 3 : La

La corde 3 est exactement comme la corde 2 (sauf qu'elle est plus épaisse) :

N'oubliez pas que la corde à vide est un La :

La

 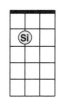
Appuyez sur la case 2 avec le doigt 2 et vous obtenez un Si. (Vos doigts doivent rester souples !) :

Si

 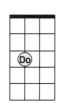
Appuyez sur la case 3 avec le doigt 3. C'est un Do :

Do

Vous sentez venir l'exercice ?

⑬ Rock sur la Corde 3

Jouez maintenant toutes les notes que vous avez apprises...

14 De La à La

Est-ce que vous réalisez ce que vous venez de jouer ? C'était là votre première **gamme** - La mineur !

Qu'est-ce qu'une gamme ?

Les gammes sont des suites de notes avec des intervalles spécifiques de **tons** (deux frettes d'écart) et de **demi-tons** (une frette d'écart). La plupart des gammes possèdent huit notes qui s'étalent sur une octave. Celle que vous venez de jouer débutait sur un La et utilisait un **modèle de gamme mineure**, il s'agissait donc de la gamme de La mineur.

Essayez cette ligne de basse construite sur la gamme de La mineur...

15 Riff Rock

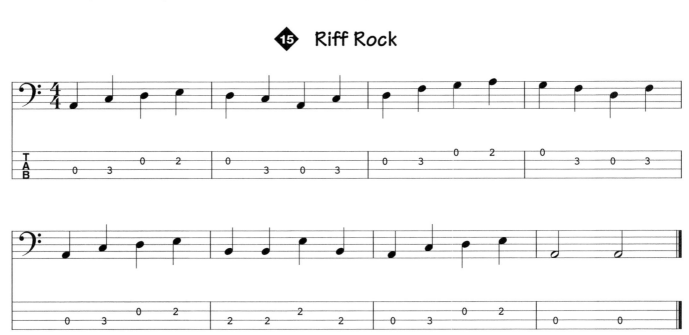

Les gammes sont vitales pour les bassistes ! Elles sont à la base de tous vos riffs et licks (motifs rythmiques et mélodiques plus courts). Nous verrons de nombreuses autres gammes dans la suite du livre, mais pour l'instant...

QUESTION DE RYTHME !

Une liaison qui dure !

Une **liaison** relie deux notes et vous indique qu'il faut tenir la première note jusqu'à la fin de la note liée :

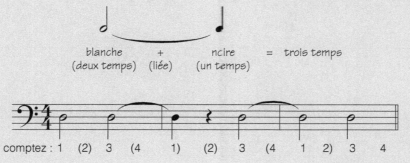

blanche   +   ncire   =   trois temps
(deux temps)   (liée)   (un temps)

comptez : 1   (2)   3   (4)   1)   (2)   3   (4   1   2)   3   4

Faisons le point !

Une autre manière de prolonger la valeur d'une note est d'utiliser un **point**. Le point prolonge la note de la moitié de sa valeur. La note pointée la plus commune est la **blanche pointée** :

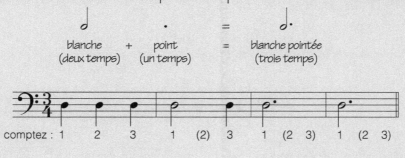

blanche   +   point   =   blanche pointée
(deux temps)   (un temps)   (trois temps)

comptez : 1   2   3   1   (2)   3   1   (2   3)   1   (2   3)

Simple comme bonjour ! Essayez ces quelques lignes de basse avec des liaisons et des points...

16 Jouez les Prolongations !

Veillez à compter à voix haute jusqu'à ce que vous commenciez à penser et à sentir le rythme.

ATTENTION : Le morceau suivant est en mesure à 3/4. C'est-à-dire qu'il y a trois temps par mesure. (Pour une petite révision, retournez page 7.)

⑰ Rock à Trois

Retour à la mesure à 4/4 (ou quatre temps par mesure)...

⑱ Fou à Lier

Excellent ! Mais pouvez-vous le jouer plus vite ? Est-ce que vous arrivez à suivre le groupe sur le audio?

⑲ Blues à tous les Étages

Les **signes de reprise** ont un double point à l'avant ou à l'arrière d'une double barre (𝄆 𝄇).
Ils signifient simplement (vous l'aviez deviné !) qu'il faut répéter tout ce qu'il y a entre. Si vous
ne rencontrez qu'un seul signe de reprise (𝄇), répétez depuis le début du morceau.

⑳ Team Spirit

☞ C'est un bon moment pour faire une pause, peut-être pour aller chercher une glace.
Reprenez ensuite par la révision des Leçons 1-4 avant de passer à la Leçon 5.

LEÇON 5
Un peu plus grave maintenant...

Voyons où vous en êtes : trois cordes et neuf notes. C'est comme grignoter des chips – on ne sait jamais comment s'arrêter, n'est-ce pas ? Alors allons-y pour une nouvelle corde...

Corde 4 : Mi

Cette fois, vous aurez l'occasion de jouer la case 1 et c'est la case 2 que vous allez sauter (on vous expliquera pourquoi dans la prochaine leçon)...

 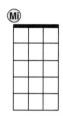 Bien sûr, la corde 4 à vide est un Mi :

 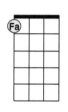 Réveillez le doigt 1, appuyez sur la case 1, et vous obtenez un Fa grave (votre second Fa pour l'instant) :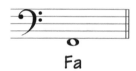

 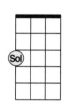 Omettez la case 2 et appuyez sur la case 3 avec le doigt 3 (attention, ça risque d'être douloureux !). C'est le Sol grave :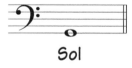

Montez le volume et amusez-vous avec ces nouvelles notes graves...

21 Mi-Fa-Sol

Juste pour le plaisir, rejouez-le deux fois.

Vous vous rappelez de l'octave La-La ? Vous connaissez désormais quatre octaves.
(Nous ne devrions pas avoir besoin de vous dire où elles se trouvent !)

22 D'une Octave à l'Autre

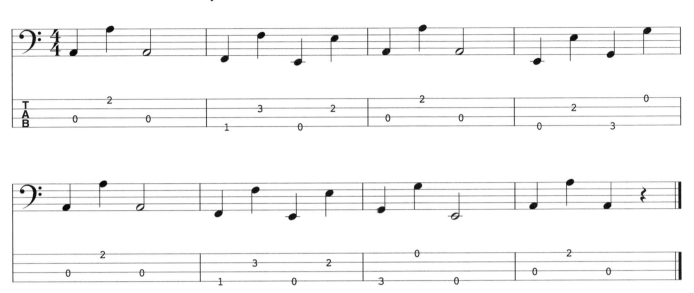

UN BON TRUC À SAVOIR : Vous pouvez trouver rapidement l'octave de n'importe quelle note en allant simplement deux frettes plus haut et deux cordes plus loin.

23 A Pas de Géant

Si vous avez mal au bout des doigts, faites une pause. Mais n'ayez pas peur – plus vous vous exercez, plus vite ils vont s'endurcir. (Hé, on n'a rien sans rien !)

GARDEZ LE RYTHME !

Accrochez-vous !..

Une croche s'écrit avec une sorte de fanion : ♪

Deux croches sont égales à une noire (ou un temps). Pour faciliter la lecture, les croches sont reliées entre elles par une **barre horizontale** :

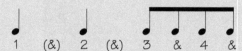

Pour compter les croches, divisez le rythme en deux et utilisez « et » entre les deux :

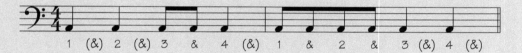

Entraînez-vous avec l'exercice qui suit. Commencez par compter à haute voix pendant que vous tapez la mesure du pied ; jouez ensuite les notes tout en comptant et en tapant :

Qu'en est-il du silence ? ♩

Le **demi-soupir** a la même valeur rythmique qu'une croche et suit les mêmes règles... mais n'est pas joué. Comptez, tapez du pied, jouez et respectez les silences dans l'exemple qui suit :

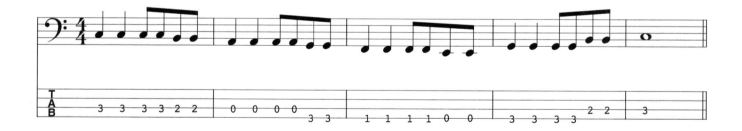

Essayez maintenant une ligne de basse avec des croches et des silences. (Continuez de taper du pied !)

㉔ Rock en Croches

Excellent. Mais ne vous arrêtez pas en si bon chemin...

L'anacrouse

Au lieu de débuter une chanson par des silences, on peut utiliser une **anacrouse**.
Une anacrouse permet simplement d'omettre les silences. Ainsi, si une anacrouse n'a qu'un temps, vous comptez « 1, 2, 3 » et commencez à jouer sur le quatrième temps :

Essayez ces riffs avec des anacrouses :

25 Jam avec Anacrouse

Soyez attentif aux deux croches de l'anacrouse dans le prochain morceau, et n'oubliez pas d'étouffer les cordes pendant les silences...

26 Le Rôdeur

N'oubliez pas de toujours répéter lentement   N'accélérez le tempo que lorsque les notes vous deviennent familières.

LEÇON 6
Des dièses pour les balèzes !

Pourquoi nous avons sauté ces cases...

Comme nous l'avons vu page 16, la musique est faite de **tons** et de **demi-tons**. Quand une chanson requiert une note juste un demi-ton plus haut ou plus bas, on accole un symbole à cette note.

Une note élevée d'un demi-ton s'appelle un **dièse** et ressemble à une grille de jeu de morpion : ♯

Une note abaissée d'un demi-ton s'appelle un **bémol** et ressemble à une note trouée vue dans un miroir : ♭

EXCEPTION À LA RÈGLE : Il n'y a qu'un demi-ton entre les notes Mi et Fa ; il n'y a également qu'un demi-ton du Si au Do. (Jetez un œil aux touches blanches du piano à la page 3.)

Nous allons apprendre deux notes que nous avons omises tout à l'heure – un dièse et un bémol :

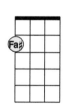

Sur la corde 4, appuyez sur la case 2 avec le doigt 2 et jouez un Fa♯ :

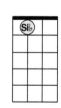

Sur la corde 3, appuyez sur la case 1 avec le doigt 1 et jouez un Si♭ :

㉗ Dans le Groove

28 Groove Surélevé

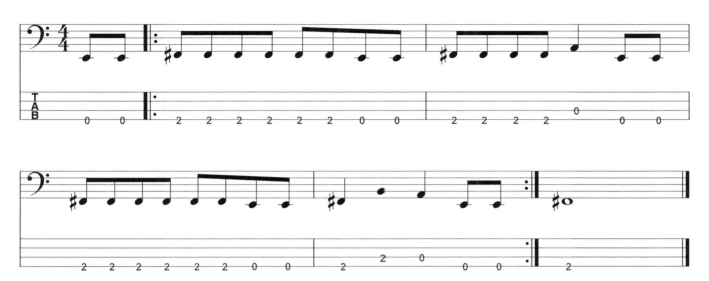

Comme promis, voici une gamme avec un dièse :

29 Gamme de Mi Mineur

Répétez la gamme encore une fois puis essayez un riff qui en découle (attention, c'est en 3/4 et c'est plein de croches) :

30 Riff en Mi Mineur

Oh ! qu'est-ce qu'ils bougent vite ces doigts ! (Oh ! qu'est-ce qu'ils peuvent s'emmêler ces doigts !) Entraînez-vous encore et encore.

Et maintenant une autre gamme – une qui utilise le bémol que vous avez appris :

31 Gamme de Fa Majeur

Félicitations ! C'était là votre première gamme **majeure** (on expliquera plus tard). Essayez un groove et une chanson basés sur la gamme de Fa majeur :

32 Groove de Fa Majeur

NOUVELLE RÈGLE : Un **bécarre** (♮) annule le dièse ou le bémol d'une note, la ramenant ainsi à sa hauteur de son « naturelle » (mais uniquement pour la mesure concernée).

33 Le Cœur Brisé

CE NOM VOUS DIT QUELQUE CHOSE

Le nom d'une gamme est déterminé par deux choses : sa note la plus basse (appelée note **fondamentale**) et l'**ordre** de ses tons et demi-tons. (Pour revoir la notion de ton, retournez page 16.)

Majeur contre mineur...

Comme vous pouvez le constater (et l'entendre), une gamme majeure n'est pas plus importante (ou plus âgée !) qu'une gamme mineure, ce n'est qu'un nom. La réelle différence entre les deux est l'ordre des tons et des demi-tons utilisé pour créer la gamme. Ces combinaisons peuvent être utilisées pour construire des gammes à partir de n'importe quelle note.

L'ordre des tons et des demi-tons dans les gammes majeures et mineures est reproduit ci-dessous :

34 Modèle de Gamme Majeure

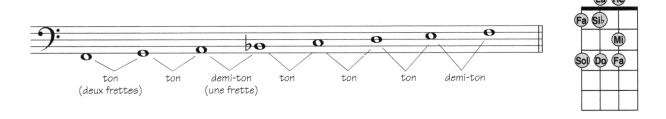

35 Modèle de Gamme Mineure

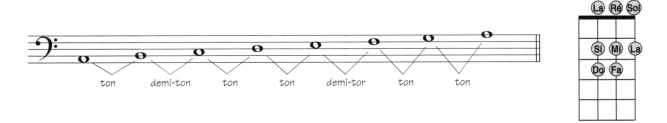

RECONNAISSEZ-LA À L'OREILLE : Sans vous reporter à la combinaison des tons, vous pouvez entendre la différence entre une gamme majeure et mineure. Dit de manière simple, une gamme majeure a une sonorité « joyeuse » ; une gamme mineure, une sonorité « triste ».

LEÇON 7
Ne les oublions pas...

Vous voulez plus de notes ? En voici deux sur la case 1 que nous avions omises jusque-là...

Notes : Mib et Lab

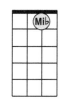

Sur la corde 2, appuyez sur la case 1 avec le doigt 1 et jouez le Mi♭ :

Mi♭

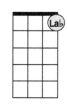

Sur la corde 1, appuyez sur la case 1 avec le doigt 1 et jouez le La♭ :

La♭

◆36 Plus de Rock'n'Roll

Reliez les points...

Vous vous rappelez de la blanche pointée (trois temps) ? Une **noire pointée** est une noire qui reçoit un demi-temps supplémentaire :

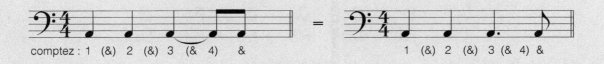

noire	+	point	=	noire pointée
(1 temps)		(1/2 temps)		(1 ½ temps)

Considérez-la comme une noire liée à une croche.

comptez : 1 (&) 2 (&) 3 (& 4) &   1 (&) 2 (&) 3 (& 4) &

Ecoutez les deux exemples qui suivent sur le audio en frappant les temps. Une fois que vous sentez le rythme de la noire pointée, essayez de la jouer...

37 Ballade Pointée

38 Dusty Road

C'était une leçon courte, mais N'ALLEZ PAS TROP VITE ! Prenez votre temps et relisez-la (une fois, deux fois, trois fois,...).

LEÇON 8
C'est fondamental...

Comme vous l'avez appris, la **note fondamentale** est la note la plus basse d'une gamme, et la note qui donne son nom à la gamme. Les fondamentales donnent également leur nom aux **accords**...

Qu'est-ce qu'un accord ?

Un accord, c'est trois notes ou plus jouées simultanément. Les **symboles d'accord** (les sept premières lettres de l'alphabet) utilisent la notation internationale :

A	B	C	D	E	F	G
La	Si	Do	Ré	Mi	Fa	Sol

Par exemple, le symbole « A » signifie « un accord de La » (La : note fondamentale de l'accord). Ces symboles d'accord sont écrits au-dessus de la portée, et indiquent quels accords doivent être joués dans chaque mesure.

Ecoutez quelques exemples d'accord sur le audio: **39** G - Em - C - D - G

Accompagner des accords...

Bien que les bassistes ne jouent généralement pas d'accords, il est essentiel de les connaître car vos lignes de basse vont utiliser les notes de l'accord qui est joué.

Réécoutez le morceau n°39 du audio. Pour la prochaine chanson, vous jouerez la note fondamentale de chaque symbole d'accord...

40 Fondamentalement

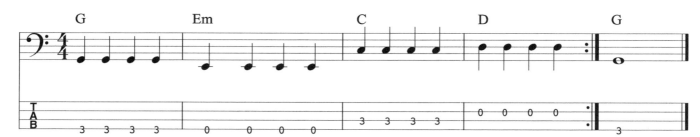

Essayez de varier le rythme de l'accompagnement sur le même type de morceau.

41 Fondamentalement Rythmique

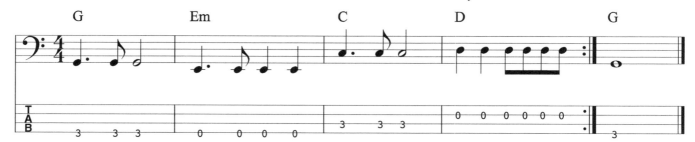

Un peu plus vite maintenant...

㊷ Fondamentalement Plus Rapide

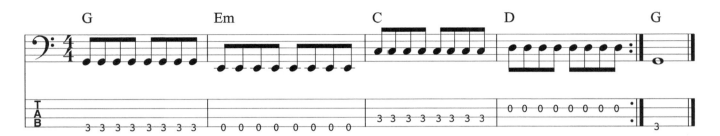

Voici plusieurs autres exemples d'accompagnement de notes fondamentales. Vous n'avez qu'à suivre les symboles d'accord...

㊸ Groove Punk

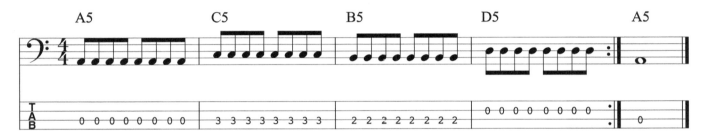

㊹ Groove Heavy Rock #1

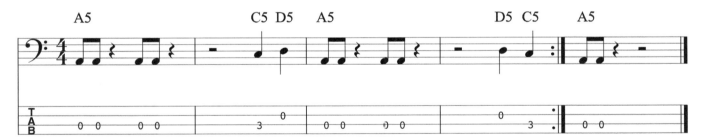

㊺ Groove Heavy Rock #2

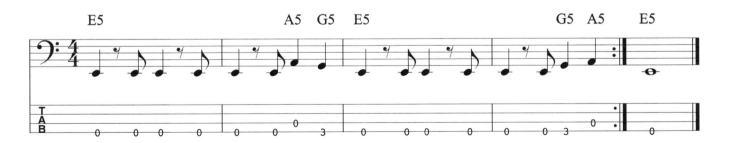

En plus de la note fondamentale, vous pouvez vous servir d'autres notes de la gamme pour créer vos lignes de basse...

Octave...

Alternez la note fondamentale avec la note à l'octave supérieure ou inférieure...

46 Sauts de Basse

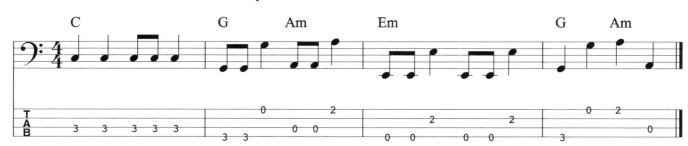

Allez-y doucement au début ! Souvenez-vous des trois règles essentielles : soyez patient, exercez-vous et trouvez votre rythme.

47 Hard Rocktaves

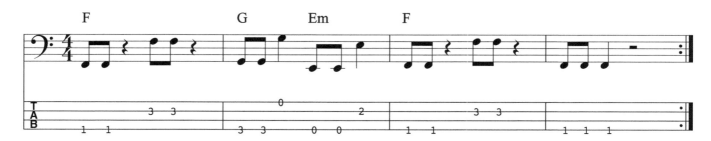

48 Quand Johnny Reviendra

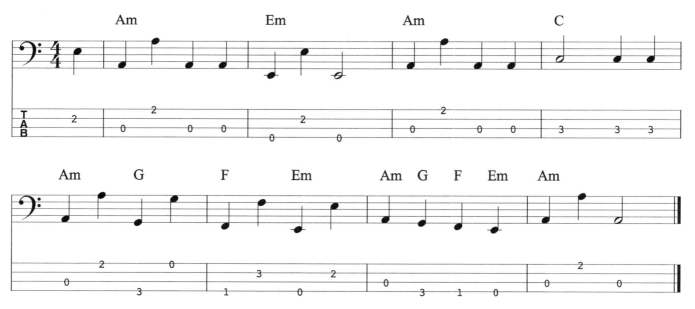

Quinte...

Vous vous rappelez de la combinaison de la gamme majeure ? (Sinon, retournez page 27.) On appelle **quinte** la cinquième note de la gamme (logique, non ?).

Les accords aussi ont des quintes. Comptez simplement la note fondamentale comme n°1 et montez la gamme jusqu'à la note n°5 pour trouver la quinte d'un accord.

Alternez la note fondamentale avec la quinte pour créer une ligne de basse vraiment sympa :

49 Une Quinte de Basse

☞ UN BON TRUC À SAVOIR : La quinte supérieure d'une note se trouve toujours deux frettes et une corde plus haut.

50 Auld Lang Syne

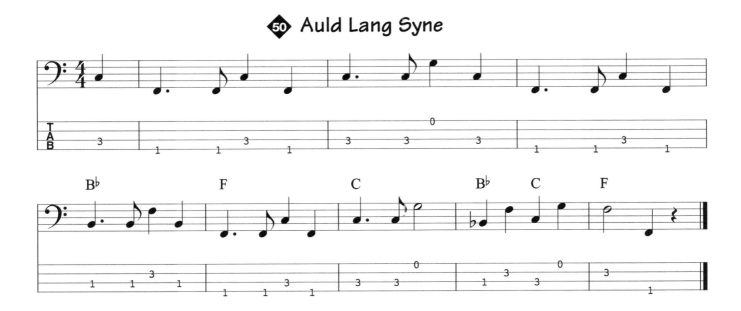

Vous pouvez également jouer la **quinte** inférieure à la fondamentale d'un accord. Par exemple, la quinte du Do est le Sol. Vous pouvez jouer le Sol au-dessus ou le Sol en-dessous du Do :

☞ UN BON TRUC À SAVOIR : L'avantage de jouer la quinte inférieure à la fondamentale est qu'elle se trouve sur la même case que la fondamentale (mais une corde plus bas) :

51 Pop Punk

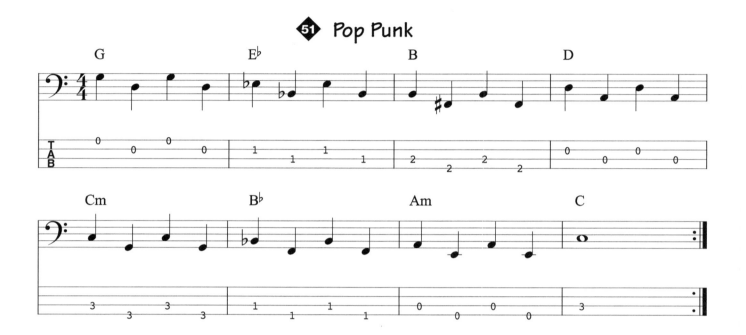

52 Greensleeves

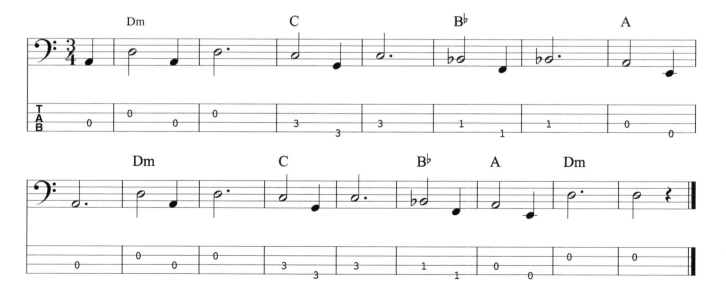

Essayez de mélanger fondamentales, quintes et octaves (et quelques notes intermédiaires)...

53 Groove Rock

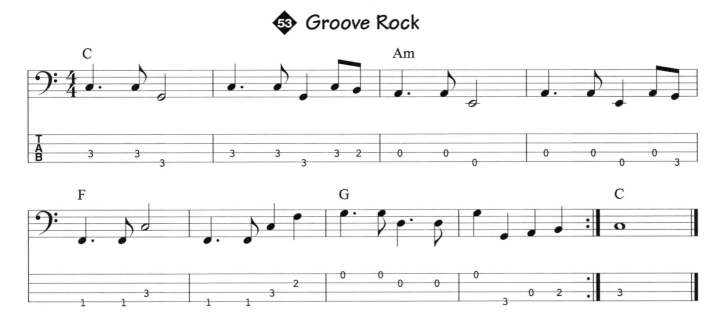

Veillez à regarder la musique, PAS vos doigts !

54 Scarborough Fair

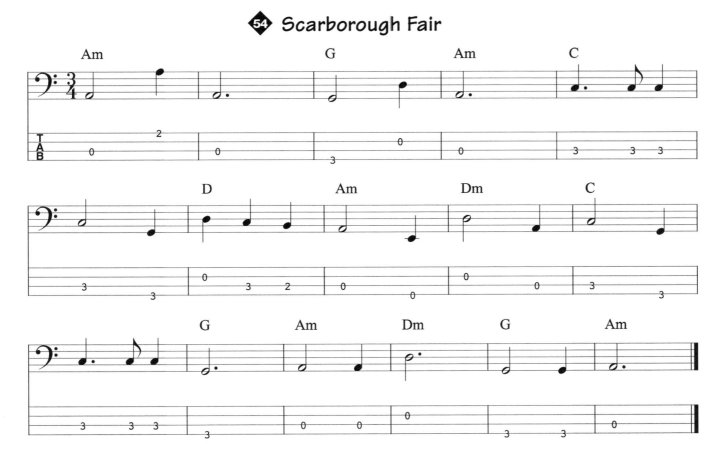

DANGER : Continuer sans dormir pourrait mettre en péril votre plaisir à jouer de la basse.
Prenez une longue pause et quelques heures de sommeil !

LEÇON 9
Toujours plus haut...

Etes-vous toujours bien accordé ? Décontracté ? Prêt pour de nouvelles notes ?

Notes de la case 4

Réveillez votre doigt 4 (Ouais toi, le petit doigt !) et tendez-le pour atteindre chaque corde à la case 4 et apprendre les notes suivantes :

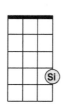
Sur la corde 1, case 4, se trouve le « Si aigu » :

Si

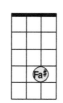
Sur la corde 2, case 4, on a un Fa# (votre second Fa#) :
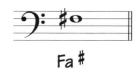
Fa #

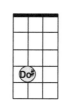
Sur la corde 3, case 4, on a un Do# :

Do #

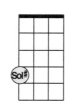
Sur la corde 4, case 4, on a un Sol# :

Sol#

◆ 55 Le Jam de la Case 4

56 Dièses Rock

Les bassistes ne meurent pas, ils se désaccordent. (Veillez à ce que cela ne soit pas votre cas !)

57 Les Dièses sont Éternels

Si vous prévoyez de jouer dans les aigus pendant un moment, vous pouvez le faire sans avoir à tendre ce bon vieux doigt 4...

Seconde Position

Faites glisser votre main sur le manche de manière à ce que le doigt 1 soit sur la case 2. Sur la corde 1, le doigt 1 joue désormais un La, le doigt 3 un Si aigu et le doigt 4 apprend une nouvelle note...

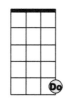

La case 5 est le « Do aigu », écrit sur une ligne supplémentaire au-dessus de la portée :

Do

Essayez maintenant votre nouvelle note (en seconde position)...

58 Shuffle du Do Aigu

REMARQUE : Sur la case 5 des trois autres cordes se trouve la même note que la corde suivante à vide. Selon la nature de la chanson, vous pouvez choisir de jouer ces trois notes sur une corde à vide ou sur la case 5.

Voici encore une autre gamme majeure avec votre nouveau Do aigu :

59 Gamme de Do majeur

VOUS AVEZ LE BLUES

Un autre modèle de gamme que vous serez heureux d'avoir appris est la **gamme blues**. Ecoutez le audio, puis essayez de jouer une gamme blues ayant Do comme note fondamentale :

60 Modèle de Gamme Blues

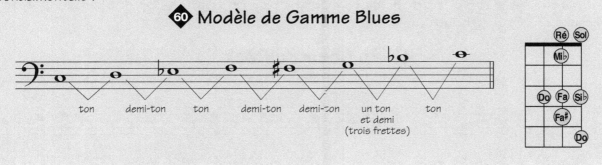

Apprenez ce modèle de gamme par cœur ! Utilisez-le, en totalité ou en partie, pour créer d'excellents riffs sur n'importe quelle note fondamentale...

61 Blues Style Funk

62 Blues Rapide

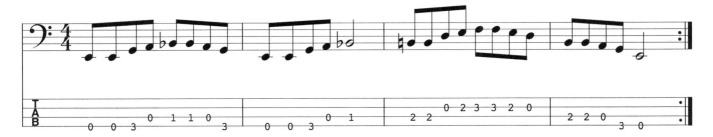

LEÇON 10
Attendez la tonalité...

Une chanson basée sur la gamme de Do majeur est en **tonalité** de Do. Comme la gamme de Do majeur n'a ni dièse ni bémol, les chansons et les riffs en tonalité de Do n'ont pas de dièse ni de bémol non plus.

◆63 Au Cœur du Rock

De la même manière, les chansons en tonalité de Sol sont basées sur la gamme de Sol majeur qui a un dièse – le Fa♯ que vous avez appris sur la corde 2, case 4 :

◆64 Gamme de Sol majeur

> **CONSEIL DE DOIGTÉ** : Au lieu de tendre le doigt, essayez à nouveau la gamme avec votre main en seconde position (ah, c'est tellement plus confortable !). Vous trouverez aussi plus facile d'utiliser la seconde position pour jouer des riffs en tonalité de Sol.

Au lieu d'écrire un signe pour chaque bémol et dièse, on place une **armature** en début de chaque ligne pour indiquer les notes qui sont des dièses tout au long d'une chanson. Par exemple, la tonalité de Sol a un dièse, donc son armature aura un dièse sur la ligne Fa, vous signifiant de jouer tous les Fa comme des Fa♯.

Le prochain morceau est en tonalité de Sol (notez l'armature), donc jouez en seconde position pour plus de facilité et de confort :

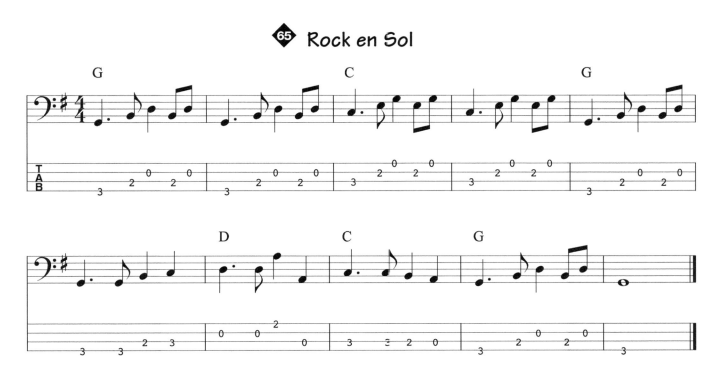

Pas d'armature signifie (vous l'aviez deviné !) la tonalité de Do :

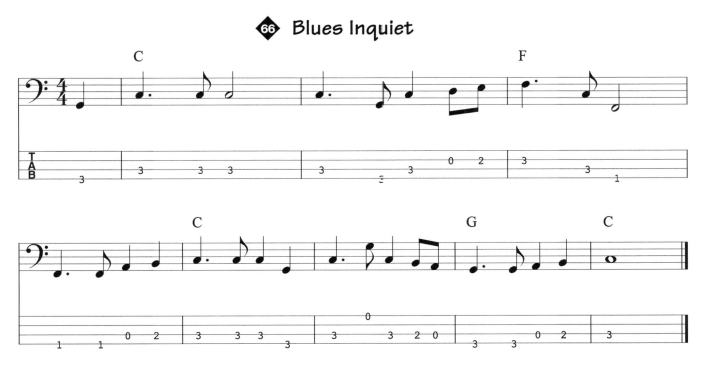

Donc si aucune armature signifie la tonalité de Do et un dièse signifie la tonalité de Sol, que veut dire une armature avec un bémol ? Il s'agit de la tonalité de Fa, basée sur la gamme de Fa majeur (page 26)...

67 Rock en Fa

CONSEIL : Essayez d'anticiper dans la lecture des notes que vous jouez (ouais, facile à dire ?!).

68 Bonne Nuit, Mes Fans

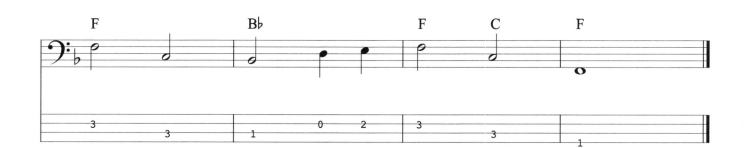

ATTENTION : Vous approchez de la fin de ce livre. Faites une pause, courez chez votre marchand de musique et ramenez le recueil de chansons pour basse : **FastTrack**™ **Bass Songbook** ! (Vous ne le regretterez pas.)

UN CONTRETEMPS QUI DURE...

Enfin, permettez-nous de vous présenter l'un des concepts rythmiques les plus essentiels (et amusants) en musique...

La syncope (respirez profondément !)

La syncope consiste simplement à jouer des notes « à contretemps ». Cela rend la musique moins prévisible (et plus efficace pour danser !). Ecoutez un exemple non-syncopé sur le audio :

69 Pas Tout à Fait

Ecoutez maintenant le même exemple avec syncopes.

70 Ça y est !

Le rythme est toujours là, mais « ça bouge » plus : le groove est renforcé.

Essayez de jouer cette ligne de basse avec les syncopes. **Accentuez** les notes soulignées par le signe « > » (la plupart ne tomberont pas sur un temps fort)...

71 Basse Syncopée

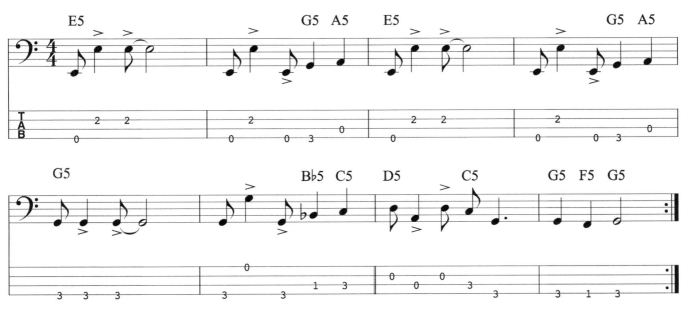

LEÇON 11

C'est l'heure de monter sur scène...

Ceci n'est pas vraiment une leçon... c'est une jam session !

Toutes les méthodes FastTrack™ (Guitare, Clavier, Saxophone, Basse et Batterie) se terminent de la même manière afin que vous puissiez former un groupe avec vos amis ou bien jouer seul en vous faisant accompagner par le audio.

Alors que le groupe soit sur le audio ou dans votre garage, que le spectacle commence...

72 *groupe au complet* **73** *sans la basse* **Exit for Freedom**

Billy B. Badd

☞

Bravo ! Encore ! !
Rappelez-vous qu'il faut s'entraîner régulièrement et garder l'esprit ouvert.
(Il y a toujours des choses à apprendre !)

ATTENDEZ ! NE PARTEZ PAS ENCORE !

Même si nous espérons que vous allez relire ce livre encore et encore, nous avons pensé que vous apprécieriez cette « antisèche » qui récapitule toutes les notes que vous avez apprises ! Alors voilà, cadeau !

Notes de basse :

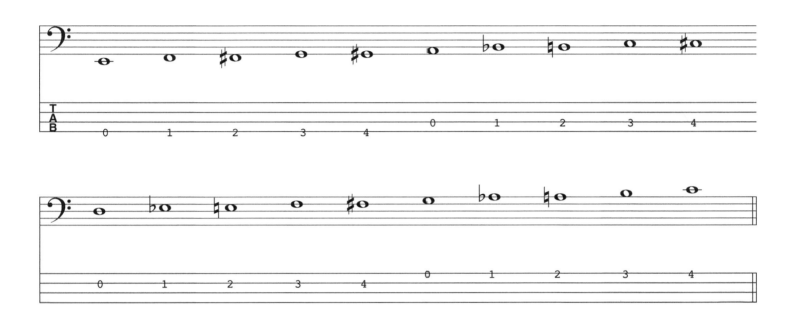

« Qu'est-ce que je fais maintenant ? »

Voici quelques suggestions pour vous aider à aller plus loin dans votre maîtrise de la basse :

 La répétition est le meilleur moyen d'apprendre. Reprenez les exercices de ce livre jusqu'à ce que vous soyez capable de jouer les notes et les accords sans réfléchir.

 Achetez FastTrack™ Basse Vol. 2, qui vous apprend beaucoup d'autres notes, techniques et notions fondamentales de la musique. Avec un peu de chance vous pouvez le trouver dans le même magasin où vous avez acheté celui-ci.

 Achetez FastTrack™ Bass Songbook, qui contient des classiques des Beatles, de Clapton, Hendrix, Elton John, etc. !

 Faites-vous plaisir. Que ce soit en répétition, en jam session, sur scène, ou même pendant que vous époussetez votre basse, gardez le sourire. La vie est trop courte.

À la prochaine...

INDEX DES CHANSONS

(... un livre pourrait-il se terminer autrement ?)